Zeit der Sehnsucht

1

Wenn ich an Advent denke, werde ich zunächst erst einmal Kind. Da denke ich an die Abendmessen, von denen ich als Kind mit meinen Eltern und dem gesegneten Advents-kranz nach Hause gegangen bin. Ich denke daran, wie wir die Lichter ausgeschaltet und die Kerzen des Adventskranzes ange-zündet, wie wir mitei-nander gesungen und gebetet haben. Dann steigen bestimmte Gerüche auf, und mir fällt ein, dass ich als kleiner Bub gerne Kekse gebacken habe.

Ich glaube, dass der Mensch viele Dimensionen in seinem Empfinden hat. Wir sind nicht nur eine Verstandesmaschine, wir sind nicht nur ein rational dahinmarschierendes Lebewesen, sondern wir haben Empfindungen, Emotionen, wir

haben Erinnerungen, die uns Geborgenheit in diesem Leben geben. Gerade der Advent ist Zeit, die vielleicht am meisten von Traditionen geprägt ist, und Traditionen sind etwas, was dem Menschen Rückhalt und Lebenssicherheit gibt.

Im Herbst
verabschiedet
man sich vom
Sommer, es
kommen die
langen dunklen
Nächte.
Da entfaltet
sich etwas
Urmenschliches:
die Sehnsucht
nach Licht.

Sehnsucht und Ahnung liegen ineinander,
eins treibt das andre hervor.

Bettina von Arnim

Wir Christen wissen dann, dass Christus uns zu Weihnachten als dieses große Licht aufstrahlen wird. Auch wer Christus nicht kennt, sehnt sich und strebt nach dem großen Ganzen, nach dem großen Licht. Deshalb ist der Advent die Zeit der großen Sehnsucht – auch der Sehnsucht nach dem besseren Ich.

1

Der Advent ist deshalb so trostreich, weil wir uns in die Zeit vor Christus hineinversetzen, als die Menschheit noch nicht die Perspektive hatte, dass Gott Mensch geworden ist. Wir, die wir jetzt schon von

Christus wissen und an ihn glauben, versetzen uns jetzt in der Liturgie gewissermaßen spielerisch zurück in die Finsternis, zünden die Adventslichter an und singen inbrünstig „Tauet, Himmel, den Gerechten“. In Wirklichkeit wissen wir schon: Wir flehen nicht umsonst. Der Himmel hat den Erlöser schon „herabgetaut“.

Jesus sagt im Lukasevangelium: Das Reich Gottes ist mitten unter euch, oder, in anderer Übersetzung, es ist in euch. In Jesus hat das Reich der Liebe, die Königsherrschaft Gottes, schon begonnen. Aber zugleich sind wir in ihm noch unterwegs auf das große Ziel. Es ist also eine Spannung zwischen „schon" und „noch nicht", in die wir hineinversetzt sind.

Bibliografische Information der Deutschen Nationalbibliothek
Die Deutsche Nationalbibliothek verzeichnet diese Publikation in der Deutschen Nationalbibliografie; detaillierte bibliografische Daten sind im Internet über http://dnb.d-nb.de abrufbar.

Dieses Heft gehört zum Adventskalender:
Die Zeit ist nah
24 Bücher im Advent
Karl Wallner, Anselm Grün, Jordana Schmidt, Christa Spilling-Nöker
ISBN 978-3-7462-3495-3

Besuchen Sie uns im Internet:
www.st-benno.de

Stammerstraße 11, 04159 Leipzig
Umschlag und Gestaltung: Ulrike Vetter, Leipzig
Gesamtherstellung: Arnold & Domnick, Leipzig (A)

benno

Karl Wallner

Neu anfangen

2

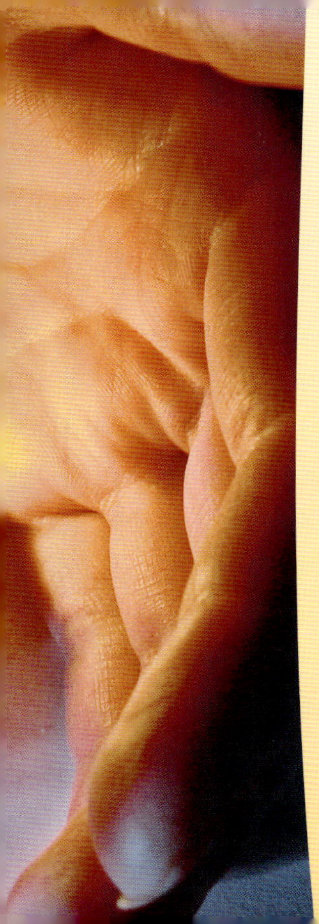

Wir Priester spüren sehr stark, dass Menschen gerade im Advent religiös offen sind und dass sie auch bereit sind, ihr Leben zu ändern. Besonders empfehlen möchte ich die alten christlichen Traditionen wie etwa den Besuch der Rorate-Messen.

2

Rorate-Messen sind Adventsmessen bei Kerzenschein, die meist am frühen Morgen gefeiert werden. Der Name kommt vom lateinischen Eröffnungsvers „Rorate caeli desuper“, das heißt „Tauet, Himmel, von oben“ (Jesaja 45,8). Wir haben das ja auch wunderschön übersetzt in dem Kirchenlied: „Tauet, Himmel, den Gerechten“. Man staunt oft, wie viele Gläubige an einem ganz normalen Arbeitstag eine Rorate-Messe besuchen.

Rorate caeli
desuper
et nubes
pluant iustum:
aperiatur terra
et germinet Salvatorem.

Tauet, ihr Himmel,
von oben,
ihr Wolken,
lasst den Gerechten herabregnen!
Die Erde tue sich auf
und bringe den Heiland hervor.

nach Jes 45,8

2

Die Erde tue sich auf und bringe das Heil hervor,
sie lasse Gerechtigkeit sprießen.
Ich, der Herr, will es vollbringen.

Jes 45,8b

Durch den gregorianischen Choral vermittelt sich vieles aus der Sphäre des Übernatürlichen. Das ist ein Geschenk Gottes an die Menschen, die Sehnsucht danach haben, wieder vom Göttlichen berührt zu werden. Im gregorianischen Choral liegt etwas Übernatürliches. Was wir singen, ist biblisches Wort, das Wort Gottes, auf Latein. In unserem Singen beten wir – deshalb würden wir auch nie ein Konzert geben. Diesen Dialog spürt der Hörer. Vielleicht kann man unseren Choralgesang als „sakramentalisch“ bezeichnen, weil durch etwas sinnenfällig Wahrnehmbares etwas Gnadenhaftes in uns gewirkt wird.

2

Der Advent war früher auch eine Zeit der körperlichen Askese. Jeder kann für sich persönlich die Entscheidung treffen, wenn er etwa bei einer Firmenweihnachtsfeier ist, sich maßvoll zu verhalten und beizei-

ten zu verabschieden, anstatt den Advent durch ein endloses Besäufnis zu entweihen. Immer mehr Menschen ziehen sich im Advent auch eine Zeit lang in ein Kloster zurück. Ein Kloster ist ein Ort der Kraft, wo man geistig und geistlich auftanken kann.

Vom ersten Advent an leben die Gläubigen auf die Geburt des Herrn zu, mit der etwas ganz Neues für die Menschheit begonnen hat. Das ist ein Anlass auch für den einzelnen Menschen, neu durchzustarten und irgendwann einmal vor Weihnachten reinen Tisch zu machen. Kein Advent, kein Weihnachten ohne Beichte. Diese innere Geburt Christi, dieses innere Neuwerden durch die Beichte, das ist das eigentlich Schöne am Weihnachtsfest. Also meine unbedingte Empfehlung an alle: Bringen Sie den Mut auf, überwinden Sie Ihre Scham und gehen Sie zu einer guten Weihnachtsbeichte.

Bibliografische Information der Deutschen Nationalbibliothek
Die Deutsche Nationalbibliothek verzeichnet diese Publikation in der Deutschen Nationalbibliografie; detaillierte bibliografische Daten sind im Internet über http://dnb.d-nb.de abrufbar.

Dieses Heft gehört zum Adventskalender:
Die Zeit ist nah
24 Bücher im Advent
Karl Wallner, Anselm Grün, Jordana Schmidt, Christa Spilling-Nöker
ISBN 978-3-7462-3495-3

Besuchen Sie uns im Internet:
www.st-benno.de

Umschlag und Gestaltung: Ulrike Vetter, Leipzig
Gesamtherstellung: Arnold & Domnick, Leipzig (A)

benno

Karl Wallner

Gänsehaut und Adventsfreude

4

Ich finde es schrecklich, dass wir Christen so abgeklärt geworden sind, dass wir nicht mehr eine Gänsehaut bekommen, wenn wir von unserem Glauben sprechen, der doch die aufregendste und provokanteste religiöse Botschaft ist, die es überhaupt gibt: Gott erscheint in Menschengestalt, Gott verkürzt sich – so haben es die Kirchenväter formuliert – auf Krippenlänge.

Dass das Göttliche durch Propheten und Weise in unsere Welt herüberspricht oder dass es durch Erleuchtung und Meditation herüberfließt, das glauben viele Religionen. Die christliche Weihnachtsbotschaft fordert uns aber noch mehr heraus. Denn sie verlangt, dass wir etwas Verwegenes und Gewagtes von Gott glauben: Dass er ein Mensch geworden ist. Dass Gott nicht bloß irgendwo da draußen ist, sondern dass er „Emmanuel“ ist: Gott mit uns.

4

Mit der Geburt Jesu Christi war es so: Maria, seine Mutter, war mit Josef verlobt; noch bevor sie zusammengekommen waren, zeigte sich, dass sie ein Kind erwartete – durch das Wirken des Heiligen Geistes. Josef, ihr Mann, der gerecht war und sie nicht bloßstellen wollte, beschloss, sich in aller Stille von ihr zu trennen. Während er noch darüber nachdachte, erschien ihm ein Engel des Herrn im Traum und sagte: Josef, Sohn Davids, fürchte dich nicht, Maria als deine Frau zu dir zu nehmen; denn das Kind, das sie erwartet, ist vom Heiligen Geist.

Mt 1,18-20

Seht, die Jungfrau wird ein Kind empfangen, sie wird einen Sohn gebären und sie wird ihm den Namen Immanuel (Gott mit uns) geben.

Jes 7,14

Dass Gott so allmächtig ist, dass er ein ohnmächtiges Kindlein werden kann, er so ewig ist, dass er unsere Zeitlichkeit teilen kann, dass er so unendlich ist, dass

er ein krippengroßes windeltragendes Baby werden kann, das ist schon ein religiös herausfordernder Gedanke.

Und darum ist es mir zu wenig, wenn wir mit Weihnachten nur den Duft von Lebkuchen, Glühwein und Tannennadeln verbinden. Wir sollten uns auch von dem Geruch provozieren lassen, der vor zweitausend Jahren von den Windeln dieses kleinen Kindes in Betlehem ausgegangen ist. Oh, würden wir Christen doch wieder begreifen, wie tief und schön die Mysterien unseres Glaubens sind.

4

Wenn jemand auf einen kleinen Mönch im Wienerwaldkloster hören möchte, dann will ich ihm zurufen: Lass dir doch die Freude schenken, dich von Gottes Gegenwart berühren zu lassen. Das ist das Antidepressivum, das uns der Engel vom Himmel herab verkündet: „Heute“ will Gott dir nahe sein.

Bibliografische Information der Deutschen Nationalbibliothek
Die Deutsche Nationalbibliothek verzeichnet diese Publikation in der Deutschen Nationalbibliografie; detaillierte bibliografische Daten sind im Internet über http://dnb.d-nb.de abrufbar.

Dieses Heft gehört zum Adventskalender:
Die Zeit ist nah
24 Bücher im Advent
Karl Wallner, Anselm Grün, Jordana Schmidt, Christa Spilling-Nöker
ISBN 978-3-7462-3495-3

Text: aus: Karl Wallner, Das Fest der Liebe, Pattloch, S.28, 32, 56; © 2011 Pattloch Verlag GmbH & Co. KG, München
Fotos: U2/S.1: © Leonid Tit / fotolia.de; S.2/3: © Patrizier-Design / fotolia.de; S.4/5: © Lichtbildnerin / fotolia.de; S.6/7: © Malena und Philipp K / fotolia.de; S.8/9: © Patrizier-Design / fotolia.de; S.10/11: © Rob Stark / shutterstock.; S.12: © Joo Hwee Goh / fotolia.de

Besuchen Sie uns im Internet:
www.st-benno.de

Stammerstraße 11, 04159 Leipzig
Umschlag und Gestaltung: Ulrike Vetter, Leipzig
Gesamtherstellung: Arnold & Domnick, Leipzig (A)

benno

Karl Wallner

Fremde Not lindern

5

Jesus wollte sein Leben ganz unscheinbar beginnen. Der König der Welt kommt als Kind, er kommt als Flüchtling. Der Sohn Gottes ist von Anfang an nicht dazu angetreten, in Palästen oder Grandhotels abzusteigen. Die misslungene Herbergssuche öffnet uns die Augen, dass wir das Göttliche gerade im Verborgenen und Unscheinbaren erkennen.

Manchmal ärgere ich mich über die Stapel von Bettelbriefen, die ich vor Weihnachten erhalte. Mir fällt in den letzten Jahren auf, dass fast überall mit der Not der Kinder geworben wird. Vielleicht ist das ja deshalb, weil sich schön langsam ein kollektives schlechtes Gewissen entwickelt, weil wir in der Realität viel zu verschlossen sind gegen Kinder, weil wir Kinder viel zu sehr als Belastung und Einschränkung sehen.

Dabei ist doch Vater- und
Muttersein das schönste
Geschenk, das der Schöpfergott
uns Menschen machen wollte.
Na ja, so schlucke ich eben
meine Verwunderung runter
und lasse es halt auch gelten,
dass so viel Spendenwerbung
für notleidende Kinder hier und
dort und überall gemacht wird ...
Wenn das unsere harten Herzen
erweicht, warum denn nicht!

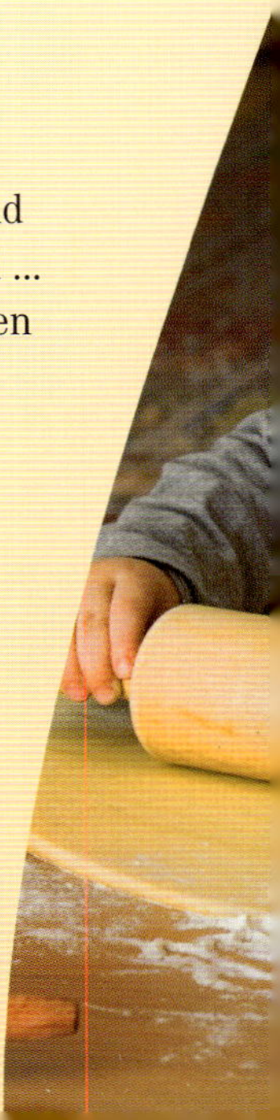

5

Er, der reich war,
wurde euretwegen arm,
um euch durch seine Armut
reich zu machen.

2 Kor 8,9

Damals in Betlehem hat sich aber keiner erweichen lassen. Maria und Josef enden in einem Stall – oder vielleicht in einer Höhle, wie uns die Bibelwissenschaftler sagen; jedenfalls ist nirgendwo Platz für

sie. Welches Symbol für unsere kalten und harten Herzen! Wie dankbar müssen wir dem Kind sein, das da zwischen Ochs und Esel das Licht der Welt erblickt, dass es uns dann mit der großen Botschaft provozieren wird, die da lautet: „Geben ist seliger als nehmen!“

Apg 20,35

Wer hart bleibt, wer gierig in sich selbst versperrt bleibt, den wird auch das Licht nicht umstrahlen, das über der Krippe von Betlehem leuchtet. So einfach und so klar ist das. Es ist wichtig, dass sich zu Weihnachten unser soziales Gewissen regt. Es ist absolut gut, dass uns die bittere Not vieler Menschen, der Flüchtlinge und der Armen aufstößt. Es ist gut, wenn es uns peinlich ist, dass heute immer noch Menschen in Ställen leben, in Slums und unter Brücken.

Wer Weihnachten feiern will, ohne sich anrühren zu lassen von der stummen Bitte so vieler, von dem Elend der Ärmsten der Armen, der ist kein Christ, der ist nicht einmal ein Mensch. Weihnachten macht unsere Herzen weicher, und schon deshalb ist es gut, dass es Weihnachten gibt.

Bibliografische Information der Deutschen Nationalbibliothek
Die Deutsche Nationalbibliothek verzeichnet diese Publikation in der Deutschen Nationalbibliografie; detaillierte bibliografische Daten sind im Internet über http://dnb.d-nb.de abrufbar.

Dieses Heft gehört zum Adventskalender:
Die Zeit ist nah
24 Bücher im Advent
Karl Wallner, Anselm Grün, Jordana Schmidt, Christa Spilling-Nöker
ISBN 978-3-7462-3495-3

Besuchen Sie uns im Internet:
www.st-benno.de

Umschlag und Gestaltung: Ulrike Vetter, Leipzig
Gesamtherstellung: Arnold & Domnick, Leipzig (A)

benno

Karl Wallner

Schenken und beschenkt werden

Was wäre Weihnachten, wenn man sich nicht die Freude gönnt, jemand anderen glücklich zu machen?
Paulus zitiert Jesus mit dem Wort: „Geben ist seliger als nehmen.“

Letztlich kommt das Schenken daher, dass wir uns von Gott beschenkt wissen und dieses Geschenk weitergeben wollen. Wenn man richtig schenkt, ist gegen das Schenken nichts zu sagen. Man sollte mit dem Geschenk die Liebe ausdrücken, die man für jemand anderen hat, indem man sich in den anderen hineindenkt. Dann muss es auch nicht das teuerste Geschenk sein.

6

6

Wir erleben mit dem Weihnachtsfest, dass ursprünglich tief religiös Christliches in eine säkulare Welt abwandert und dort oft eine Eigenständigkeit gewinnt und manchmal leider sogar eine Widersinnigkeit. Dazu zähle ich den Geschenkerausch: Man arbeitet sich voller Stress hin auf dieses Weihnachtsfest mit dem Kaufen von Geschenken, man legt Erwartungen, Sehnsüchte in die Feier dieses heiligen Abends hinein und ist oft danach bitter enttäuscht, denn es geht alles irgendwie sehr banal, sehr normal, und eben sehr veräußerlicht wieder weiter.

6

Das Ursprüngliche des Weihnachtsfestes
ist das Beschenktwerden durch Gott...

... indem Gott für uns Mensch geworden ist in der Gestalt eines kleinen Kindes im Stall von Betlehem, an der Zeitenwende Jesu Christi. Und wenn man Weihnachten nicht aus diesem tief religiösen Sinn heraus feiert – als ein Beschenktwerden durch Gott, als

Hinschauen auf Gott, der einen als Kind in der Krippe liebevoll anlächelt – dann ist man in der Gefahr, dass Weihnachten nur eine große Illusion von Gefühlen ist, die nach Weihnachten wie eine Seifenblase zerplatzt.

6

Dieses Geschenk von Gott besteht zunächst aus dem Unerfindlichen. Der unendliche Gott macht sich endlich, der hl. Bernard sagt, Gott verkürzt sich auf Krippengröße, weil in der Krippe ein

kleines Kind liegt, von dem wir glauben, dass es Gott ist, und er lächelt uns an. Gott kommt als Kind in die Welt, weil er um die Zuneigung von uns Menschen buhlen will, er möchte kämpfen darum, und er will kämpfen bis in den Augenblick seines Todes, wo er sterbend die Arme ausbreitet.

6

Damit man beschenkt werden kann, muss es auch jemanden geben, der schenkt, und deshalb gehört beides zusammen. Religiös werden wir beschenkt, wir stehen unter diesem Beschenktwerden Gottes, aber jeder merkt wohl an Weihnachten, wie mühsam es ist, Geschenke zusammenzusammeln.

Bibliografische Information der Deutschen Nationalbibliothek
Die Deutsche Nationalbibliothek verzeichnet diese Publikation in der Deutschen Nationalbibliografie; detaillierte bibliografische Daten sind im Internet über http://dnb.d-nb.de abrufbar.

Dieses Heft gehört zum Adventskalender:
Die Zeit ist nah
24 Bücher im Advent
Karl Wallner, Anselm Grün, Jordana Schmidt, Christa Spilling-Nöker
ISBN 978-3-7462-3495-3

Besuchen Sie uns im Internet:
www.st-benno.de

Stammerstraße 11, 04159 Leipzig
Umschlag und Gestaltung: Ulrike Vetter, Leipzig
Gesamtherstellung: Arnold & Domnick, Leipzig (A)

benno

Anselm Grün

Stille und Schweigen

7

7

Advent ist die Zeit der Stille. Wenn die Abende länger werden, dann sollten wir sie nicht mit Geschäftigkeit füllen. Nimm das an, was dir die Jahreszeit schenkt: Zeit zum Nachdenken, Zeit zum Warten, Zeit zum Wachen.

Die Stille will uns nach innen lenken, zum Grund unseres Herzens. Nur in unserem schweigenden Herzen kann Gott geboren werden. So sagt es uns der Text, den wir als Introitus am Sonntag nach Weihnachten singen: „Als tiefes Schweigen das All umfing und die Nacht bis zur Mitte gelangt war, da stieg dein allmächtiges Wort, o Herr, vom Himmel herab, vom königlichen Thron“ (Weish 18,14-15).

Der Advent möchte uns in den inneren Raum der Stille führen, in dem an Weihnachten Christus in uns geboren wird. Das schweigende Herz ist auch der Ort, an den wir uns zurückziehen, um zu beten, um die Sehnsucht unseres Herzens Gott gegenüber auszudrücken. Es ist das Gebet, zu dem uns Jesus selbst in der Bergpredigt einlädt:
„Du aber geh in deine Kammer, wenn du betest, und schließ die Tür zu; dann bete zu deinem Vater, der im Verborgenen ist" (Mt 6,6).

7

In der Kammer unseres Herzens
betreten wir den Raum der Stille.

In diesen Raum kann der Lärm unserer Gedanken und Emotionen nicht vordringen. In ihm können wir Ausschau halten nach Gottes Antlitz. So rät uns der hl. Anselm von Canterbury in einem wunderbaren Text, mit dem er sein wohl bedeutendstes theologisches Buch, das „Proslogion“, beginnt:

7

„Auf, du kleiner Mensch, flieh ein wenig deine Geschäftigkeit! Verstecke dich eine kleine Weile vor deinen lauten Gedanken! Wirf die Sorgen ab, die auf dir lasten, und

nimm Abstand von dem, was dich zerstreut! Gönne dir Zeit für Gott und ruhe in ihm! Sprich zu Gott: ‚Dein Antlitz, o Herr, will ich suchen‘ (Ps 27,8).

Mein Herr und mein Gott,
lehre du mein Herz,
wo und wie es dich suchen,
wo und wie es dich finden kann.“

Bibliografische Information der Deutschen Nationalbibliothek
Die Deutsche Nationalbibliothek verzeichnet diese Publikation in der Deutschen Nationalbibliografie; detaillierte bibliografische Daten sind im Internet über http://dnb.d-nb.de abrufbar.

Dieses Heft gehört zum Adventskalender:
Die Zeit ist nah
24 Bücher im Advent
Karl Wallner, Anselm Grün, Jordana Schmidt, Christa Spilling-Nöker
ISBN 978-3-7462-3495-3

Text: Entnommen aus: Anselm Grün, Stille Wege im Advent
© Vier-Türme-Verlag GmbH, Verlag, Münsterschwarzach
Fotos: S.2/3: © Konstantyn / fotolia.de; S.4/5: © Bernhard Lux / fotolia.de; S.6/7: © Kautz15 / fotolia.de; S.8/9: © Turi / fotolia.de; S.10/11: © Joe Gough / fotolia.de; S.12: © Hallgerd / fotolia.de

Besuchen Sie uns im Internet:
www.st-benno.de

Umschlag und Gestaltung: Ulrike Vetter, Leipzig
Gesamtherstellung: Arnold & Domnick, Leipzig (A)

benno

Anselm Grün

Maria Immaculata

8

8

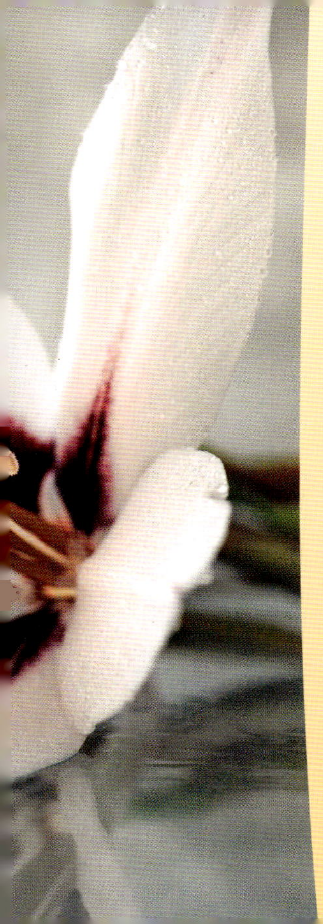

Mitten in der Adventszeit feiert die katholische Kirche ein Fest, an dem ein wichtiger Aspekt von Weihnachten aufscheint. Es ist ein Fest, mit dem viele nur wenig oder gar nichts anfangen können: das Fest der ohne Erbsünde empfangenen Gottesmutter Maria.

Wenn wir das Dogma, dass Maria im Blick auf Christus ohne Erbsünde empfangen wurde, in unsere Wirklichkeit hinein übersetzen, dann heißt es, dass auch wir im Blick auf Christus ohne Erbsünde sind. Dort, wo Christus in uns ist, hat die Sünde keine Macht. In dem inneren Raum in uns, in dem Christus wohnt, haben Sünde und Schuld keinen Zutritt; da ist die Sünde entmachtet.

8

In Maria meditieren wir unser eigenes Wesen, das Geheimnis unserer Erlösung durch Jesus Christus. So wie wir in Maria den lauteren Menschen feiern, der ohne Intrigen und Nebenabsichten ist, der sich ohne Hintergedanken auf Gott einlässt, so

glauben wir auch, dass in uns etwas Lauteres und Reines, etwas Unbeflecktes und Unversehrtes ist. Wir sollen uns nicht ständig als Sünder fühlen, sondern als Menschen, die Gott in Jesus Christus verwandelt hat.

8

„In Christus hat Gott uns erwählt
vor der Erschaffung der Welt,
damit wir heilig und untadelig
(immaculati) leben vor Gott."

Epheser 1,4

8

Es ist ein optimistisches Fest, das die Kirche da feiert. Es entspricht dem Glanz, der von Weihnachten ausgeht. Es lässt das Licht von Weihnachten in unsere Gebrochenheit hineinleuchten. Wir erleben uns oft genug nicht als lauter und makellos. Auch wenn wir etwas Gutes tun, haben wir Nebenansichten, möchten wir bei anderen gut ankommen, wollen wir gesehen werden. Wir wissen um unsere Tendenz, uns besser darzustellen, als wir sind. Selbst in unsere Nächstenliebe schleichen sich egoistische Motive ein.

In Maria schauen wir das Geheimnis unserer eigenen Erlösung. In uns sind nicht nur die Trübungen und Verfälschungen, in uns ist auch ein lauterer und reiner Kern, etwas, das von Schuld und Sünde nicht infiziert ist. ... Dort, wo Christus in uns ist,

sind wir ohne Makel. Auch wenn wir um unsere Lügen und hinterlistigen Schliche wissen, so dürfen wir doch darauf vertrauen, dass in uns etwas ganz lauter und rein ist. Etwas in uns ist heil, ganz und gar durchlässig für Gottes Liebe.

8

Dort, wo Christus in uns ist, haben unsere Schuldgefühle, mit denen wir uns oft genug zerfleischen, keinen Zutritt. Da haben die Selbstentwertungen und Selbstbeschuldigungen keine Chance, einzutreten. Dort sind wir im Einklang mit uns selbst.

Bibliografische Information der Deutschen Nationalbibliothek
Die Deutsche Nationalbibliothek verzeichnet diese Publikation in der Deutschen Nationalbibliografie; detaillierte bibliografische Daten sind im Internet über http://dnb.d-nb.de abrufbar.

Dieses Heft gehört zum Adventskalender:
Die Zeit ist nah
24 Bücher im Advent
Karl Wallner, Anselm Grün, Jordana Schmidt, Christa Spilling-Nöker
ISBN 978-3-7462-3495-3

Text: Anselm Grün, „Maria Immaculata" (Auszüge), aus: Anselm Grün, Weihnachten – Einen neuen Anfang feiern. Fest zwischen den Zeiten © Verlag Herder GmbH, Freiburg i. Br. [8]2007, S.39-40
Fotos: U2/S.1: © tinadefortunata / fotolia.de; S.2/3: © Eva Kahlmann / fotolia.de; S.4/5: © Stefan Körber / fotolia.de; S.6/7: © jojjik / fotolia.de; S.8/9: © fotobeam.de / fotolia.de; S.10/11: © Miredi / fotolia.de; S.12: © DeVIce / fotolia.de

Besuchen Sie uns im Internet:
www.st-benno.de

Stammerstraße 11, 04159 Leipzig
Umschlag und Gestaltung: Ulrike Vetter, Leipzig
Gesamtherstellung: Arnold & Domnick, Leipzig (A)

benno

Anselm Grün

Ein neuer Anfang

Am 2. Advents-
sonntag lesen wir
die Worte aus dem
Propheten Jesaja,
in denen uns
verheißen wird,
dass aus dem
Baumstumpf Isais
ein Reis hervor-
wächst.

Doch aus dem Baumstumpf Isais wächst ein Reis hervor, ein junger Trieb aus seinen Wurzeln bringt Frucht. Der Geist des Herrn lässt sich nieder auf ihm: der

Geist der Weisheit und der Einsicht, der Geist des Rates und der Stärke, der Geist der Erkenntnis und der Gottesfurcht.

Jes 11,1-2

Dort, wo unser Leben gescheitert ist, wo etwas abgeschnitten wurde, da setzt Gott einen neuen Anfang, dass auch das zerbrochene Leben gelingt. Ein Bild für das gelingende Leben ist der Adventskranz. Der Kranz wurde in der Antike dem Sieger auf den Kopf gesetzt. Er zeigt, dass unser Leben gelingen wird, dass wir siegen werden in unserem Lebenskampf.

9

Aus dem Baumstumpf Isais
wächst ein Reis hervor.

Jes 11,1

Die Adventszeit
will uns mit der
inneren Freude in
Berührung
bringen, die tiefer
liegt als unsere
Angst und Trauer,
als unser Ärger
und unsere
Enttäuschung. Es
ist eine Freude auf
dem Grunde
unseres Herzens.
Wenn Jesus eintritt
in mein Herz, dann
berührt er die
Freude in der Tiefe
meines Herzens,
damit sie meinen
Leib und meine
Seele durchdringe.

Ja, Gott ist meine Rettung;
ihm will ich vertrauen
und niemals verzagen.
Denn meine Stärke
und mein Lied ist der Herr.
Er ist für mich zum Retter geworden.
Ihr werdet Wasser schöpfen
voll Freude
aus den Quellen des Heils.
Jauchzt und jubelt,
ihr Bewohner von Zion;
denn groß ist in eurer Mitte
der Heilige Israels.

Jes 12,2-3.6

9

Wir zünden an jedem Sonntag eine Kerze mehr an. Die Kerze steht für das Licht, das durch Christus in diese Welt kommt.

Bibliografische Information der Deutschen Nationalbibliothek
Die Deutsche Nationalbibliothek verzeichnet diese Publikation in der Deutschen Nationalbibliografie; detaillierte bibliografische Daten sind im Internet über http://dnb.d-nb.de abrufbar.

Dieses Heft gehört zum Adventskalender:
Die Zeit ist nah
24 Bücher im Advent
Karl Wallner, Anselm Grün, Jordana Schmidt, Christa Spilling-Nöker
ISBN 978-3-7462-3495-3

Text: aus: Anselm Grün, Ein Stern führt durch die Dunkelheit, © St. Benno-Verlag, Leipzig.
Fotos: U2/S.1: © Heidi Brand / shutterstock; S.2/3: © glen gaffney / fotolia.de; S.4/5: © Patrizier-Design / fotolia.de; S.6/7: © Barmaliejus / fotolia.de; S.8/9: © Goldblick / fotolia.de; S.10/11: © Vera Kuttelvaserova / fotolia.de; S.12: © Linas Lebeliunas / fotolia.de

Besuchen Sie uns im Internet:
www.st-benno.de

Stammerstraße 11, 04159 Leipzig
Umschlag und Gestaltung: Ulrike Vetter, Leipzig
Gesamtherstellung: Arnold & Domnick, Leipzig (A)

benno

Anselm Grün

Folge deiner Sehnsucht

10

10

Advent ist die Zeit,
in der wie uns
unserer Sehnsüch-
te bewusst werden.
Wenn wir still vor
einer Kerze sitzen,
wenn wir die
Adventslieder leise
vor uns hinsingen,
dann steigt in uns
eine Sehnsucht auf,
die diese Welt
übersteigt. Die
Sehnsucht macht
das Herz weit. Aber
sie tut auch weh.
Daher verdrängen
viele ihre Sehn-
sucht.

Wenn wir in der Stille unseren Sehnsüchten Raum lassen, dann werden wir spüren, dass wir nicht zufrieden sind mit dem, was wir gerade tun und leben. In uns ist ein unstillbarer Durst nach Liebe, der von keinem Menschen gestillt werden kann. Unsere Sehnsucht geht über diese Welt hinaus. Wir erahnen, dass allein Gott unsere tiefste Sehnsucht zu erfüllen vermag. Das Wort „Sehnen“ bedeutet: liebend verlangen. Sehnsucht meint ein inniges und zugleich schmerzliches Verlangen nach etwas, was das ganze Herz erfüllt.

10

Sehnsucht steigt aus der Tiefe auf, Aber sie bereitet uns auch Schmerzen. Sie schenkt uns Wärme und Weite, und zugleich lässt sie uns schmerzlich erfahren, dass wir weit weg sind

von dem, was unser Leben eigentlich ausmachen könnte. Die Floskel: „Es muss im Leben noch mehr als alles geben“, drückt wohl am treffendsten das Ziel unserer Sehnsucht aus.

10

Es muss etwas geben, das mich in der Tiefe berührt, das meine tiefsten Wünsche erfüllt.

10

10

Setze dich in der Adventszeit öfter einmal vor eine brennende Kerze und horche einfach still in dich hinein. Was taucht an Sehnsucht in dir auf? Bist du zufrieden mit deinem Leben? Oder spürst du, dass es dein Herz woanders hinzieht? ... Versuche, deine Sehnsüchte zu Ende zu denken. Folge deiner Sehnsucht bis an ihren äußeren Rand. Stell dir vor, dass in dir eine Sehnsucht ist, die diese Welt übersteigt und aus dem Ort heraus, an dem du stehst, in Gott hineinreicht.

Mit deiner Sehnsucht ist etwas in dir, das die Welt übersteigt, über das diese Welt keine Macht hat, das dich weiter macht als diese Welt. Dort, wo du dich nach Gott sehnst, dort bist du frei, dort entfliehst du deinem Terminkalender, deinen vielen Verpflichtungen. Dort sind die Erwartungen deiner Umgebung nicht mehr wichtig. Dort bist du in Berührung mit dir selbst.

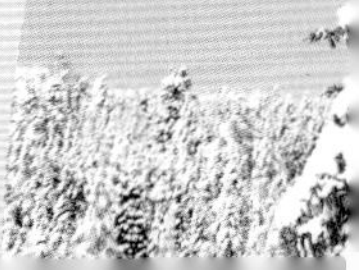

10

Du spürst, wer du selber bist,
einer, der in Gott hineinstrebt,
einer, in dem Gott selbst wohnen
möchte.

Bibliografische Information der Deutschen Nationalbibliothek
Die Deutsche Nationalbibliothek verzeichnet diese Publikation in der Deutschen Nationalbibliografie; detaillierte bibliografische Daten sind im Internet über http://dnb.d-nb.de abrufbar.

Dieses Heft gehört zum Adventskalender:
Die Zeit ist nah
24 Bücher im Advent
Karl Wallner, Anselm Grün, Jordana Schmidt, Christa Spilling-Nöker
ISBN 978-3-7462-3495-3

Text: Entnommen aus: Anselm Grün, Stille Wege im Advent

Fotos: U2/S.1: © Silvia Antunes / shutterstock; S.2/3: © Monika Adamczyk / fotolia.de; S.4/5: © Angela Shirinov / fotolia.de; S.6/7: © OutdoorPhoto / fotolia.de; S.8/9: © Martina Chmielewski / fotolia.de; S.10/11: © Peter / fotolia.de; S.12: © Carola Schubbel / fotolia.de

Besuchen Sie uns im Internet:
www.st-benno.de

Stammerstraße 11, 04159 Leipzig
Umschlag und Gestaltung: Ulrike Vetter, Leipzig
Gesamtherstellung: Arnold & Domnick, Leipzig (A)

benno

Anselm Grün

Trost finden

11

Immer wieder hören wir im Advent von Trostworten. Georg Friedrich Händel beginnt seinen „Messias“ mit den Worten, die ihn offensichtlich selbst getröstet und aus seiner Depression herausgerissen haben: „Tröste dich, tröste dich, mein Volk, spricht dein Gott …“ (Jes 40,1f). Für mich gehört es zu meinen Adventsritualen, mir den Beginn des „Messias“ am ersten Adventssonntag anzuhören und durch die Musik den Trost dieser Worte in mein Herz fallen zu lassen.

In meiner Internatszeit hat mich der Gesang des „Rorate coeli“ und vor allem die vierte Strophe „Consolamini, consolamini“ (Tröste dich, tröste dich) immer tief angerührt. Die Choralmelodie hat mir diesen Text zu Herzen gehen lassen. Da wuchs in mir eine

Ahnung davon, dass das Kommen Christi mich trösten kann, dass Christus selbst mein Trost sein wird. In einem Adventslied wird der verheißene Messias als unser Trost besungen: „Wo bleibst du, Trost der ganzen Welt?“

Trost kommt von Treue und bedeutet innere Festigkeit. Wenn Gott zu mir kommt in seinem Sohn, dann bekommt mein Leben einen neuen Stand, dann hört der Boden unter mir auf zu wanken und zu schwanken. Dann habe ich einen festen Grund, auf dem ich stehen kann. Trost hat auch mit Trauen zu tun. Wenn Gott mich tröstet, traue ich mich zu leben, dann wird mein Ort, an dem ich bin, zu einem trauten Ort, zu einem Ort des Vertrauens, zu einem Ort, an dem ich daheim sein kann.

„Ich will euch trösten,

wie einen seine Mutter tröstet.“ Jesaja 66,13

Gott kommt zu dir in deiner Einsamkeit, damit du dich nicht länger alleine fühlst, sondern getröstet, zusammen mit dem Einen, nach dem du dich sehnst. Die Adventszeit lässt dich erahnen, dass du nie alleine sein wirst. In deine Dunkelheit tritt Gott als das Licht, das alles erleuchtet. In deine Einsamkeit kommt Gott als der Tröster, der mit dir ist, der mit dir fühlt, der dich versteht, der zu dir hält.

11

Es ist ein eigenartiges Gefühl von Heimat, das der Advent mit diesem Bild des Trostes in uns auslöst. Es ist nicht das Daheimsein von Weihnachten, von Feiern und Fröhlichkeit. Es ist vielmehr das Daheimsein trotz aller Dunkelheit, trotz aller Einsamkeit, trotz allen Unverstandenseins, trotz aller Verletzungen und Kränkungen.

11

Am trauten Ort bin ich vertraut mit der Gebrochenheit meiner Existenz, dort traue ich mich, meine Wahrheit ungeschönt anzuschauen, weil ich in meiner Trauer getröstet bin, weil ich durch meine Trauer hindurch zu dem Trost finde, auf dem ich fest stehen kann, „den Trost ob allen Dingen."

Bibliografische Information der Deutschen Nationalbibliothek
Die Deutsche Nationalbibliothek verzeichnet diese Publikation in der Deutschen Nationalbibliografie; detaillierte bibliografische Daten sind im Internet über http://dnb.d-nb.de abrufbar.

Dieses Heft gehört zum Adventskalender:
Die Zeit ist nah
24 Bücher im Advent
Karl Wallner, Anselm Grün, Jordana Schmidt, Christa Spilling-Nöker
ISBN 978-3-7462-3495-3

Text: Anselm Grün, „Trost" (Auszüge), aus: Anselm Grün, Weihnachten – Einen neuen Anfang feiern. Fest zwischen den Zeiten © Verlag Herder GmbH, Freiburg i. Br. ^{8}2007, S.51-52
Fotos: U2/S.1: © davidcrehner / fotolia.de; S.2/3: © Angela / fotolia.de; S.4/5: © Gabriele Rohde / fotolia.de; S.6/7: © Stana / shutterstock; S.8/9: © Matthis Dierkes / fotolia.de; S.10/11: © Christian Jung / fotolia.de; S.12: © WolfeL / fotolia.de

Besuchen Sie uns im Internet:
www.st-benno.de

Stammerstraße 11, 04159 Leipzig
Umschlag und Gestaltung: Ulrike Vetter, Leipzig
Gesamtherstellung: Arnold & Domnick, Leipzig (A)

benno

Anselm Grün

Wachsam sein

12

12

Jede Kerze des Adventskranzes hat ihre eigene Symbolik. Die erste Kerze steht für die Hoffnung, dass eine einzige Kerze genügt, um die Dunkelheit meines Herzens zu erleuchten. Sie bringt Wärme in meine Kälte, Milde in meine Härte, Zärtlichkeit in meine Erstarrung.

Die zweite Kerze verweist auf die Polarität meines Lebens. Ich bin nicht eindeutig, sondern voller Gegensätze. In mir sind Liebe und Hass, Angst und Vertrauen, Kraft und Schwäche. Christus will alle Gegensätze meines Lebens versöhnen, damit sie aufhören, sich zu bekämpfen.

12

Die dritte Kerze steht für die drei Bereiche des Menschen, für Geist, Seele und Leib, für Kopf, Herz und Bauch. Und in der dritten Kerze leuchtet der dreifaltige Gott auf, der alles in mir hineinnimmt in die Gemeinschaft zwischen Vater, Sohn und Heiligem Geist.

Die vierte Kerze ist die Verheißung, dass sich mein Leben verwandelt. Vierzig Jahre hat es gedauert, bis Israel durch die Wüste gezogen ist und das Gelobte Land betreten hat.

12

„Wachet auf," ruft uns die Stimme
der Wächter sehr hoch auf der Zinne,
„wach auf, du Stadt Jerusalem!"

Philipp Nicolai

Horch, deine Wächter erheben die Stimme, sie beginnen alle zu jubeln. Denn sie sehen mit eigenen Augen, wie der Herr nach Zion zurückkehrt.

Jes 52,8

Wer wachsam ist, der erlebt jeden Augenblick bewusst, der ist in jedem Augenblick lebendig. Wachen heißt Aufwachen zur Wirklichkeit, die schlaftrunkenen Augen öffnen, um die Wirklichkeit so zu sehen, wie sie ist.

12

12

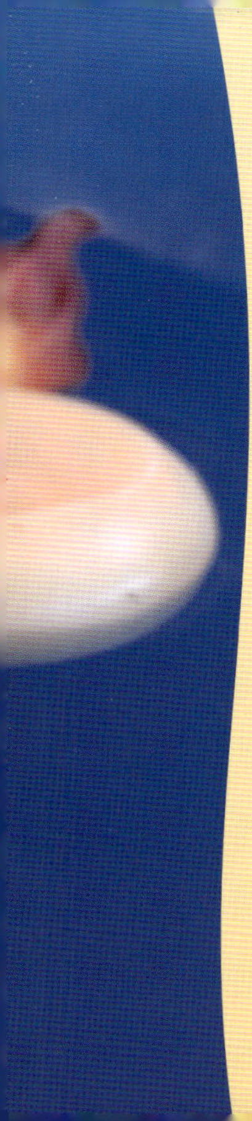

Zur Wachsamkeit gehört die Achtsamkeit und die Behutsamkeit. Wachsamkeit heißt: aufwachen aus dem Schlaf der Illusionen. Achtsamkeit bedeutet: auf jeden Augenblick aufmerken, hinhorchen, was Gott mir in den leisen Impulsen meines Herzens zuflüstern möchte. Und Behutsamkeit meint: schützend das Leben bedecken, das sich leise in mir regt.

Vier Wochen Adventszeit
wollen unser Leben verwandeln,
damit wir an Weihnachten
neu geboren werden.

Bibliografische Information der Deutschen Nationalbibliothek
Die Deutsche Nationalbibliothek verzeichnet diese Publikation in der Deutschen Nationalbibliografie; detaillierte bibliografische Daten sind im Internet über http://dnb.d-nb.de abrufbar.

Dieses Heft gehört zum Adventskalender:
Die Zeit ist nah
24 Bücher im Advent
Karl Wallner, Anselm Grün, Jordana Schmidt, Christa Spilling-Nöker
ISBN 978-3-7462-3495-3

Besuchen Sie uns im Internet:
www.st-benno.de

Umschlag und Gestaltung: Ulrike Vetter, Leipzig
Gesamtherstellung: Arnold & Domnick, Leipzig (A)

benno

Jordana Schmidt

Zeit der Vorbereitung

13

13

Große Ereignisse
brauchen
Vorbereitung –
innen wie außen.
Die Geburt des
Gottessohnes
macht da keine
Ausnahme.
Advent ist die
Zeit des „sich
bereitmachen“,
auf den, der
kommt, um uns
an Gottes
Freundschaft
teilhaben zu
lassen.
Liebe, die
konkret wird.

Das Wort Gottes wird zum Menschen – auf Augenhöhe, zum Anfassen – zum Liebhaben. Ein kleines Kind erwarten wir. Niemand, vor dem wir uns fürchten

müssen. Niemand, der große Ansprüche hat – auch nicht, wie er das Fest der Geburt gerne gefeiert haben will.

13

13

Einen Platz möchte er haben. Mitten unter uns, bei Ihnen zu Hause – egal, wo und wie! Bei seiner Geburt hat Gott einen Stall erwählt, was kann da bei Ihnen selbst ein Hindernis sein, dass Gott nicht mit Freude dort wohnen möchte?

Richtet euch auf, und

erhebt eure Häupter; denn eure Erlösung ist nahe.

Lukas 21,28

Menschen braucht er – so wie ein kleines Kind Menschen braucht. Menschen, die ihn aufnehmen, die Interesse an ihm zeigen, die lernen, ihn zu verstehen, die

das Bedürfnis nach Nähe und Liebe erfüllen. Wie würden Sie sich in dieser Adventszeit vorbereiten, wenn Sie auf *so* einen Gottessohn warten?

Wie soll ich dich empfangen
und wie begegn ich dir,
o aller Welt Verlangen,
o meiner Seele Zier?
O Jesu, Jesu, setze
mir selbst die Fackel bei,
damit, was dich ergötze,
mir kund und wissend sei.

Paul Gerhardt

13

Dein Zion streut dir Palmen
Und grüne Zweige hin,
Und ich will dir in Psalmen
Ermuntern meinen Sinn.
Mein Herze soll dir grünen
In stetem Lob und Preis
Und deinem Namen dienen,
So gut es kann und weiß.

Paul Gerhardt

Bibliografische Information der Deutschen Nationalbibliothek
Die Deutsche Nationalbibliothek verzeichnet diese Publikation in der Deutschen Nationalbibliografie; detaillierte bibliografische Daten sind im Internet über http://dnb.d-nb.de abrufbar.

Dieses Heft gehört zum Adventskalender:
Die Zeit ist nah
24 Bücher im Advent
Karl Wallner, Anselm Grün, Jordana Schmidt, Christa Spilling-Nöker
ISBN 978-3-7462-3495-3

Text: Rechte bei der Autorin
Fotos: U2/S.1: © Artusius / fotolia.de; S.2/3: © Václav Mach / fotolia.de; S.4/5: © Tinka / fotolia.de; S.6/7: © SDVIG / fotolia.de; S.8/9: © K.F.L. / fotolia.de; S.10/11: © Deminos / fotolia.de; S.12: © Harald Biebel / fotolia.de

Besuchen Sie uns im Internet:
www.st-benno.de

Stammerstraße 11, 04159 Leipzig
Umschlag und Gestaltung: Ulrike Vetter, Leipzig
Gesamtherstellung: Arnold & Domnick, Leipzig (A)

benno

Jordana Schmidt

Das Leben bejahen

14

14

„Singt Ave Maria,
jungfräuliche Zier.
Du bist voll der
Gnaden,
der Herr ist mit dir.
Eine ganz neue
Botschaft,
ein unerhörts Ding,
von der himm-
lischen Hofstatt
ich, Gabriel, bring.“

traditionell

Maria ist die Ja-Sagerin, diejenige, die sich berühren und erfüllen lässt von Gottes Wort. Es ist schon unglaublich, dass der große Gott, der Himmel und Erde erschaffen hat, seine Menschwerdung von der Antwort dieser Frau abhängig macht – seines Geschöpfes.

14

ave
maria.
14

Maria sagte zu dem Engel: „Wie soll das geschehen, da ich keinen Mann erkenne?“ Der Engel antwortete ihr: „Der Heilige Geist wird über dich kommen, und die Kraft des Höchsten wird dich überschatten. Deshalb wird auch das Kind heilig und Sohn Gottes genannt werden. Auch Elisabet, deine Verwandte, hat noch in ihrem Alter einen Sohn empfangen; obwohl sie als unfruchtbar galt, ist sie jetzt schon im sechsten Monat. Denn für Gott ist nichts unmöglich.“

Lukas 1,34-37

Da sagte Maria:
„Ich bin die Magd des Herrn;
mir geschehe, wie du gesagt hast.“

Lukas 1,38

In Erzählungen und Dichtungen über diese Begegnung zwischen Maria und dem Engel, zwischen Gott und Mensch, heißt es manchmal „da hielten der Himmel und die Erde den Atem an, um die Antwort zu

hören“. Es ist eben nicht nur unglaublich, sondern auch fast un-er-hört! Gott hört auf den Menschen – auf eine Frau, bittet um Aufnahme, um die Mutterschaft mit aller Abhängigkeit, die darin enthalten ist.

Gott zeigt uns in dieser Frage an Maria, dass er unseren freien Willen respektiert und wünscht. Wir tragen die Entscheidung darüber, ob Gott in diese Welt kommen

kann oder nicht. Auch heute noch! Wir entscheiden durch unsere Art, auf das Leben zu antworten, ob Gott sichtbar wird in dieser Welt, durch unser Leben.

Maria gibt ihr Ja.
Dadurch wurde Weihnachten möglich.
Menschwerdung Gottes!
Lassen wir uns davon inspirieren, wo wir,
in diesen Adventswochen, unser Ja
zu Anfragen des Lebens sagen.

Bibliografische Information der Deutschen Nationalbibliothek
Die Deutsche Nationalbibliothek verzeichnet diese Publikation in der Deutschen Nationalbibliografie; detaillierte bibliografische Daten sind im Internet über http://dnb.d-nb.de abrufbar.

Dieses Heft gehört zum Adventskalender:
Die Zeit ist nah
24 Bücher im Advent
Karl Wallner, Anselm Grün, Jordana Schmidt, Christa Spilling-Nöker
ISBN 978-3-7462-3495-3

Text: Rechte bei der Autorin
Fotos: U2/S.1: Eishier / fotolia.de; S.2/3: Christa Eder / fotolia.de; S.4/5: steschum / fotolia.de; S.6/7: Patrizier-Design / fotolia.de; S.8/9: Igor Syrbu / fotolia.de; S.10/11: Swetlana Wall / fotolia.de; S.12: photoGrapHie / fotolia.de

Besuchen Sie uns im Internet:
www.st-benno.de

Umschlag und Gestaltung: Ulrike Vetter, Leipzig
Gesamtherstellung: Arnold & Domnick, Leipzig (A)

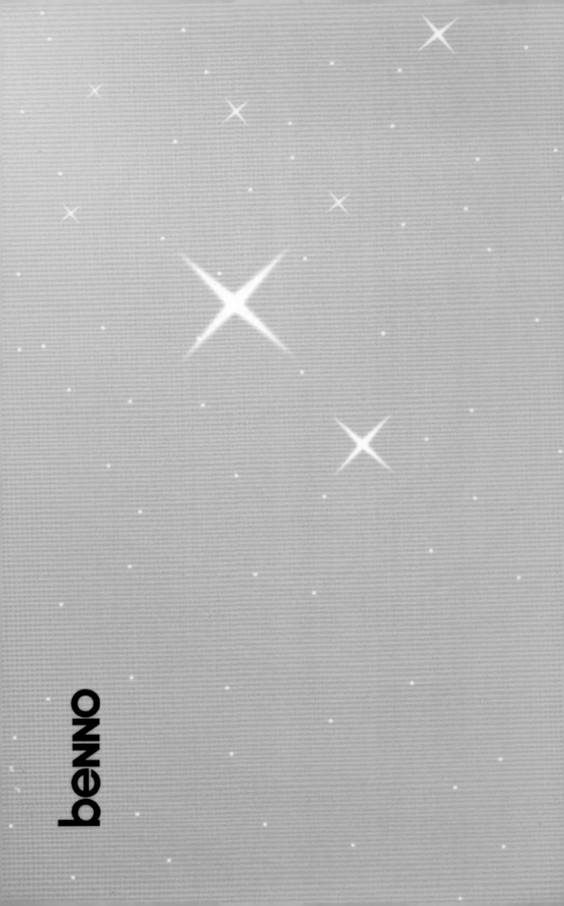
benno

Jordana Schmidt

Halbzeit-besinnung

15

Ist am Sonntag
wirklich schon der
dritte Advent?
Halbzeit sozusagen
zum großen Fest?
Also ziehe ich mal
eine Halbzeitbilanz:
Ich habe schon
Plätzchen gebacken
und reichlich
Kerzen angezündet,
sogar den Weih-
nachtsmarkt
besucht. Schon
ganz gut, finde ich.

Dann war da noch was mit der Ruhe und Besinnung. Wie kommt man eigentlich darauf, die ausgerechnet in der Zeit vor Weihnachten suchen zu wollen? Da gibt es doch so viel zu tun. Maria und Josef hatten sicher vor der Geburt auch alle Hände voll zu tun, Sachen packen und nach Betlehem reisen. Da war auch keine Zeit für Ruhe und Besinnung. Aber Maria und Josef haben das Kind bei sich gehabt. Zwar ungeboren, aber dennoch präsent.

15

15

Wie nah bin ich diesem menschwerdenden Gott in mir? Habe ich Plätzchen gebacken und Texte bei Kerzenlicht gelesen im inneren Dialog mit Gott? Ich glaube, das ist die Besinnung des Advents. Sie muss nicht mit Ruhe zu tun haben, aber mit Vorfreude und mit tiefer Verbundenheit mit Gott, der Mensch werden will, in mir! Deswegen heißt dieser Sonntag des dritten Advents: Gaudete! Freut euch! Weil Gott uns so nahe ist wie ein ungeborenes Kind bei der Mutter.

Gaudete in Domino semper –
Freut euch im Herrn allezeit.

Phil 4,4

Freut euch im Herrn zu jeder Zeit! Noch einmal sage ich: Freut euch! Eure Güte werde allen Menschen bekannt. Der Herr ist nahe. Sorgt euch um nichts, sondern bringt in jeder Lage betend und flehend eure Bitten mit Dank vor Gott! Und der Friede Gottes, der alles Verstehen übersteigt, wird eure Herzen und eure Gedanken in der Gemeinschaft mit Christus Jesus bewahren.

Phil 4,4-7

15

Wir dürfen uns freuen auf die Verheißung Gottes, dass er kommen wird. Gott, du Licht, das unseren Weg hell macht und uns Freude und Hoffnung schenkt. Lass uns die sehen, die noch im Dunkeln

stehen. Stecke uns an mit dem Feuer der Liebe, dass unsere Wärme auch andere wärmt, dass unsere Freude auch andere ansteckt, dass unsere Hoffnung Licht bringt.

15

Lass uns durch dein Licht deine und unsere Welt betrachten lernen, damit wir die Wärme und Freude entdecken können, die du uns immer wieder schenkst. Lass uns immer mehr zu Menschen des Lichts werden, die ihre Freude an dir haben und ihre Hoffnung auf dich, unseren Bruder, den menschgewordenen Gottessohn setzen.

Bibliografische Information der Deutschen Nationalbibliothek
Die Deutsche Nationalbibliothek verzeichnet diese Publikation in der Deutschen Nationalbibliografie; detaillierte bibliografische Daten sind im Internet über http://dnb.d-nb.de abrufbar.

Dieses Heft gehört zum Adventskalender:
Die Zeit ist nah
24 Bücher im Advent
Karl Wallner, Anselm Grün, Jordana Schmidt, Christa Spilling-Nöker
ISBN 978-3-7462-3495-3

Text: Rechte bei der Autorin
Fotos: S.2/3: veritas / fotolia.de; S.4/5: ChaotiC_PhotographY / fotolia.de; S.6/7: Jessmine / fotolia.de; S.8/9: Swetlana Wall / fotolia.de; S.10/11: Stefan Koerber / fotolia.de; S.12: emmi / fotolia.de

Besuchen Sie uns im Internet:
www.st-benno.de

Umschlag und Gestaltung: Ulrike Vetter, Leipzig
Gesamtherstellung: Arnold & Domnick, Leipzig (A)

Jordana Schmidt

Geschenkte Stille

16

16

Es gibt eine Stille,
die körperlich
fühlbar ist. Ich
habe sie schon
einige Male gespürt
und ich liebe sie.
Die Art der Stille,
die selten ist und
kostbar, eben nicht
leicht zu finden in
unserer lauten
Welt.

16

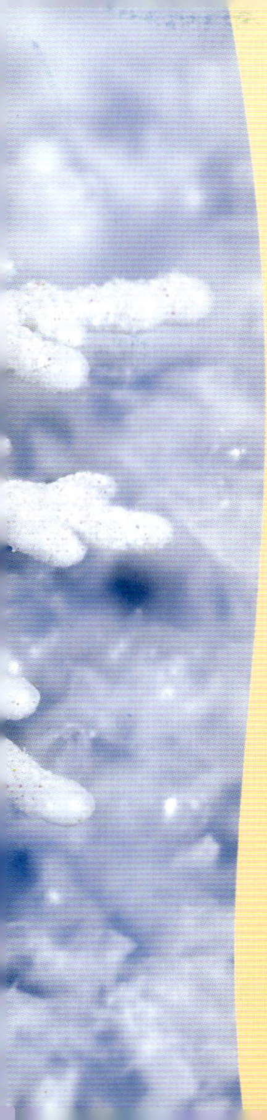

Zuletzt war sie plötzlich da während eines Skiurlaubes. Ich machte eine lange Talabfahrt und fuhr Kurve um Kurve hinab. Hinter einer dieser Kurven bog ich in ein Seitental ein und hörte ... nichts mehr. Absolute Stille. Alle Geräusche von außen wurden von den Bergen und von der dicken Schneeschicht völlig geschluckt.

16

Das war so überwältigend,
dass ich mich einfach in
den Schnee geworfen und
die Stille genossen habe.
Lange lag ich so da, und
nach und nach spürte ich,
dass auch die inneren
Stimmen in mir langsam
verstummten. Die, die so
laut reden und schreien,
selbst wenn ich schweige.

16

Und dann war mir Gott
auf einmal ganz nahe.

Der Gott, der in der Stille spricht, ganz leise. Eine Stimme, die in meinem hektischen und lauten Alltag allzu oft übertönt wird. Das war ein Stück Himmel,

mitten im Schnee. ... Dann kann ich sie manchmal sogar bei uns finden, diese Stille. Wenn ich noch am späten Abend einen Spaziergang mache, im frisch gefallenen Schnee, über die Felder.

Ich hoffe, dass ich diese Schneestille auch in diesem Jahr geschenkt bekomme. Vielleicht wird sie ja auch Ihnen geschenkt, wenn Sie aufmerksam lauschen, in die Stille horchen und sie sich schenken lassen.

16

Leise rieselt der Schnee,
still und starr ruht der See,
weihnachtlich glänzet der Wald.
Freue dich, Christkind kommt bald!

Eduard Ebel

Bibliografische Information der Deutschen Nationalbibliothek
Die Deutsche Nationalbibliothek verzeichnet diese Publikation in der Deutschen Nationalbibliografie; detaillierte bibliografische Daten sind im Internet über http://dnb.d-nb.de abrufbar.

Dieses Heft gehört zum Adventskalender:
Die Zeit ist nah
24 Bücher im Advent
Karl Wallner, Anselm Grün, Jordana Schmidt, Christa Spilling-Nöker
ISBN 978-3-7462-3495-3

Besuchen Sie uns im Internet:
www.st-benno.de

Stammerstraße 11, 04159 Leipzig
Umschlag und Gestaltung: Ulrike Vetter, Leipzig
Gesamtherstellung: Arnold & Domnick, Leipzig (A)

benno

Jordana Schmidt

Was ich mir wünsche

17

17

„Wünsche sind nie klug. Das ist sogar das Beste an ihnen“, sagt Charles Dickens, der Autor von „Oliver Twist“. Ich finde das sehr tröstlich. Denn wie oft habe ich den lieben langen Tag ganz banale Wunschgedanken.

Ich wünschte, ich könnte bei dem schönen Sonnenschein spazieren gehen und müsste nicht am Schreibtisch sitzen; ich könnte heute Morgen mal im Bett liegen bleiben oder müsste nicht zum Zahnarzt.

Ich wünschte, ich hätte ein Gedächtnis, das keine Namen vergisst, und manchmal wünschte ich mir, ich würde im Lotto gewinnen, um die Arbeit in unseren Kinderdörfern zu erleichtern.

Und manchmal habe ich ganz weltbewegende Wünsche, wenn ich Nachrichten sehe und mir wünsche, dass es keine Kriege mehr auf der Welt gibt oder kein Mensch mehr hungern muss oder Kindern kein Unrecht mehr geschieht. Wie tröstlich zu ahnen, dass Wünsche vom Herzen kommen und nicht „klug“ sein müssen.

17

17

Wie tröstlich, dass Wünsche
vom Herzen kommen ...

Weihnachten!
Der muss wahrhaft ein Menschenfeind sein, in dem nicht etwas wie Heiterkeit ist,

bei dem nicht etliche erfreuliche Assoziationen kommen, wenn sich Weihnachten nähert.

Charles Dickens

17

17

Danke, Mr. Dickens. Gerade jetzt vor Weihnachten will ich mir das Wünschen noch mehr erlauben. Auf dass sie mein Denken und Handeln in eine Richtung drängen. Beseelt vom großen Wunsch, dass das Reich Gottes hier auf Erden Wirklichkeit wird. Denn Gott will bei uns wohnen!

Ich werde Weihnachten
in meinem Herzen ehren
und versuchen,
es das ganze Jahr hindurch
aufzuheben.

Charles Dickens

Bibliografische Information der Deutschen Nationalbibliothek
Die Deutsche Nationalbibliothek verzeichnet diese Publikation in der Deutschen Nationalbibliografie; detaillierte bibliografische Daten sind im Internet über http://dnb.d-nb.de abrufbar.

Dieses Heft gehört zum Adventskalender:
Die Zeit ist nah
24 Bücher im Advent
Karl Wallner, Anselm Grün, Jordana Schmidt, Christa Spilling-Nöker
ISBN 978-3-7462-3495-3

Text: Rechte bei der Autorin
Fotos: U2/S.1: © Christian Jung / fotolia.de; S.2/3: © puje / fotolia.de; S.4/5: © Ewe Degiampietro / fotolia.de; S:6/7: © Jeanette Dietl / fotolia.de; S.8/9: © Klaus-Peter Adler / fotolia.de; S.10/11: © J. Hansmann / fotolia.de; S.12: © vege / fotolia.de

Besuchen Sie uns im Internet:
www.st-benno.de

Stammerstraße 11, 04159 Leipzig
Umschlag und Gestaltung: Ulrike Vetter, Leipzig
Gesamtherstellung: Arnold & Domnick, Leipzig (A)

benno

Jordana Schmidt

Werde Mensch!

18

18

O komm, o komm,
Immanuel,
nach dir sehnt sich
dein Israel!
In Sünd und Elend
weinen wir
und flehn und flehn
hinauf zu dir.

traditionell

Gott, jedes Jahr neu bereitest du dein Kommen vor. Du hast uns Traditionen gegeben, die uns lieb sind, an denen wir hängen, die uns helfen können, etwas in

unserem Leben sichtbar zu machen, sensibler zu sein für das, worauf es wirklich ankommt: Mensch sein, mit allem, was dazugehört.

Zu spüren, dass wir leben, getragen von dir, geboren und geborgen in dir. Sehen, dass andere Menschen mit uns unterwegs sind, ebenfalls geliebt und gewollt von dir.

Die hellen Lichter an den Weihnachtsbäumen und in den Fenstern mögen auch unser Innerstes erhellen. Alle Traurigkeit und Einsamkeit möge weichen, alle Sehnsucht gestillt werden.

18

18

Die hellen Lichter mögen auch
unser Innerstes erhellen.

O komm, du wahres Licht der Welt,
das unsre Finsternis erhellt;
geh auf, o Sonn, mit deiner Pracht,
vertreib die Nebel und die Nacht.

O komm, Erlöser, Gottes Sohn,
und bring uns Gnad von Gottes Thron;
die Seele fühlt hier Hungersnot,
o gib uns dich, lebendig Brot!

traditionell

18

Mache uns offen für dein Kommen, offen für die Menschen an unserer Seite. Wir bitten dich, segne unser Bemühen um ein schönes Weihnachtsfest. Segne unsere Versuche, eine Atmosphäre des Friedens

und des Lebens zu schaffen. Hilf uns, dich zu ersehnen und zu empfangen, zwischen allen Geschenken, Festlichkeiten und Besuchen.

Weil DU kommen willst,
zu uns,
in unsere Stadt,
in unsere Kirchen,
in unsere Herzen.
Komm Gott!
Werde Mensch!

Freu dich, freu dich, o Israel,
bald kommt, bald kommt Immanuel.

Bibliografische Information der Deutschen Nationalbibliothek
Die Deutsche Nationalbibliothek verzeichnet diese Publikation in der Deutschen Nationalbibliografie; detaillierte bibliografische Daten sind im Internet über http://dnb.d-nb.de abrufbar.

Dieses Heft gehört zum Adventskalender:
Die Zeit ist nah
24 Bücher im Advent
Karl Wallner, Anselm Grün, Jordana Schmidt, Christa Spilling-Nöker
ISBN 978-3-7462-3495-3

Besuchen Sie uns im Internet:
www.st-benno.de

Stammerstraße 11, 04159 Leipzig
Umschlag und Gestaltung: Ulrike Vetter, Leipzig
Gesamtherstellung: Arnold & Domnick, Leipzig (A)

benno

Christa Spilling-Nöker
Wenn wir Kerzen anzünden ...
19

In der Adventszeit
zünden wir
Kerzen an.
Wir warten auf
das Christfest,
an dem der
Weihnachtsbaum
in vollem Glanz
erstrahlt.

19

Im Schein der Kerzen
werden die Konturen
um uns herum weicher.
Alles erscheint
in einem neuen Licht.

Zugleich beschenkt uns
der Kerzenschein
an den kurzen Tagen
des Winters
mit Licht und Wärme
und einer besonderen Form
an Gemütlichkeit.

Wir genießen solche Stunden
an denen wir zur Ruhe kommen,
uns einen Tee kochen,
die ersten selbstgebackenen Plätzchen
knabbern

und Weihnachtsmusik hören.
Aber im Grunde genommen
haben wir noch einen
viel tieferen Traum ...

19

Wir hoffen darauf,
dass das Licht der Kerzen
auch unsere Seele
berühren möge.

19

Wir sehnen uns
nach einem Leben,
in dem die dunklen
und schmerzhaften Erfahrungen,
die erlittenen Enttäuschungen
und die Trauer um Menschen,
die von uns gegangen sind,
von einem Licht
durchleuchtet werden,
das unserem Herzen
Trost und Frieden schenkt.

19

Vertrauen wir
auf das göttliche Licht,
das uns aus der Höhe und Tiefe
gleichermaßen zuströmt

und uns nach und nach
mit Hoffnung, Vertrauen
und neuer Zuversicht
erfüllt.

Machen wir uns dann
aber auch auf,
dieses Licht an andere Menschen
weiterzugeben,
die von Dunkelheit
umfangen sind,
damit die Leuchtkraft
des Himmels
sich erdet.

Bibliografische Information der Deutschen Nationalbibliothek
Die Deutsche Nationalbibliothek verzeichnet diese Publikation in der Deutschen Nationalbibliografie; detaillierte bibliografische Daten sind im Internet über http://dnb.d-nb.de abrufbar.

Dieses Heft gehört zum Adventskalender:
Die Zeit ist nah
24 Bücher im Advent
Karl Wallner, Anselm Grün, Jordana Schmidt, Christa Spilling-Nöker
ISBN 978-3-7462-3495-3

Besuchen Sie uns im Internet:
www.st-benno.de

Stammerstraße 11, 04159 Leipzig
Umschlag und Gestaltung: Ulrike Vetter, Leipzig
Gesamtherstellung: Arnold & Domnick, Leipzig (A)

benno

Christa Spilling-Nöker

Vom großen Abenteuer

20

20

Adventure-Reisen,
da können wir
etwas erleben,
da gibt es
Abenteuer pur –
so versprechen es
die Urlaubspros-
pekte.

20

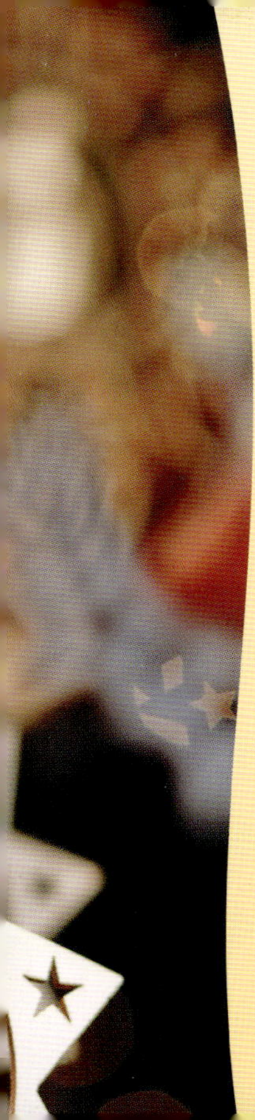

In dem englischen Wort
adventure
steckt der Begriff
Advent.
Aber was hat Advent
mit Abenteuern zu tun?

20

Abenteuer ist das,
was aufregend und
spannend ist –
was uns aus dem
Gewohnten herausreißt,
was uns begeistert
und uns mit neuen
Erlebnissen
und überraschenden
Erfahrungen bereichert.
Das will die Adventszeit
auch:
Sie will uns die Tür
zu uns selbst öffnen,
damit wir uns in der
eigenen Tiefe begegnen.

Und da können wir
20

viel Spannendes aufspüren.

Kehren wir der Außenwelt
mit all ihren Verlockungen
und Ablenkungen
also dann und wann einmal
den Rücken zu,
beschenken wir uns mit Stille
und werden wir
unserer selbst inne.

In unserer Tiefe
schlummern nämlich noch
verborgene Sehnsüchte und Träume.

Träume,
die gelebt werden wollen.
Mit anderen Worten:
Wir nehmen Spuren
des göttlichen Geheimnisses

in uns wahr,
die uns dazu bewegen möchten,
unser Leben aus der ganzen himmlischen
Fülle heraus,
die in uns angelegt ist,
schöpferisch zu gestalten.

20

Mit jeder Entdeckung
einer neuen Seite,
einer noch nicht erschlossenen
Begabung in uns
reifen wir zu dem Menschen hin,
den Gott mit uns gemeint hat.

Bibliografische Information der Deutschen Nationalbibliothek
Die Deutsche Nationalbibliothek verzeichnet diese Publikation in der Deutschen Nationalbibliografie; detaillierte bibliografische Daten sind im Internet über http://dnb.d-nb.de abrufbar.

Dieses Heft gehört zum Adventskalender:
Die Zeit ist nah
24 Bücher im Advent
Karl Wallner, Anselm Grün, Jordana Schmidt, Christa Spilling-Nöker
ISBN 978-3-7462-3495-3

Besuchen Sie uns im Internet:
www.st-benno.de

Stammerstraße 11, 04159 Leipzig
Umschlag und Gestaltung: Ulrike Vetter, Leipzig
Gesamtherstellung: Arnold & Domnick, Leipzig (A)

benno

Christa Spilling-Nöker

Guter Hoffnung sein

21

21

Der Glaube
an Engel
ist in unserer
Zeit wieder neu
erwacht.
Darin verbirgt sich
die Sehnsucht,
sich behütet und
beschützt,
begleitet und
getragen zu wissen.

Wer von uns
wünscht sich nicht,
von den segnenden Kräften
eines Engels
in der Tiefe seiner Seele
berührt zu werden?

21

Wer von uns
träumt nicht davon,
dass ihm manchmal

die erdrückende Last
an Angst und Schmerz
vom Herzen getragen wird?

Wer von uns
sehnt sich nicht danach,
dass er mit sich selbst
und mit anderen Menschen
noch einmal einen neuen Anfang
wagen darf?

21

Die Weihnachtsgeschichte
beginnt damit,
dass der Engel Gabriel
Maria erscheint
und ihr verheißt,
dass Gott sie
mit einem Kind
segnen wird,
dem sie den Namen Jesus
geben soll.

Früher sagte man
über eine schwangere
Frau,
dass sie
guter Hoffnung sei.

„Sei guter Hoffnung!“,
das ist die Botschaft
der Engel auch heute an uns.

Es wartet noch etwas
Wunder-volles auf uns,
das unser Leben aus den Bahnen
der Alltäglichkeit werfen,
es verändern
und erneuern wird.
Lassen wir uns einfach
überraschen!

21

Möge uns das Vertrauen
geschenkt werden,
uns mit Leib und Seele
auf diese Hoffnung
einzulassen.

Bibliografische Information der Deutschen Nationalbibliothek
Die Deutsche Nationalbibliothek verzeichnet diese Publikation in der Deutschen Nationalbibliografie; detaillierte bibliografische Daten sind im Internet über http://dnb.d-nb.de abrufbar.

Dieses Heft gehört zum Adventskalender:
Die Zeit ist nah
24 Bücher im Advent
Karl Wallner, Anselm Grün, Jordana Schmidt, Christa Spilling-Nöker
ISBN 978-3-7462-3495-3

Besuchen Sie uns im Internet:
www.st-benno.de

Stammerstraße 11, 04159 Leipzig
Umschlag und Gestaltung: Ulrike Vetter, Leipzig
Gesamtherstellung: Arnold & Domnick, Leipzig (A)

benno

Christa Spilling-Nöker

Zur Krippe werden

22

Viele Familien beginnen mit dem Aufbau der Krippe schon am ersten Advent. Bis zum Weihnachtsfest kommen dann immer mehr Figuren hinzu.

Die Krippendarstellungen
gehen auf Franz von Assisi zurück.
Anstelle einer Predigt
hatte er im Jahr 1223

in dem Ort Greccio in Italien
die Weihnachtsgeschichte
mit lebendigen Menschen
und Tieren aufgebaut.

22

22

Auch die Krippen-
darstellungen
mit unbelebten Figuren,
wie wir sie kunstvoll
aus Ton geformt
oder aus Holz geschnitzt
kennen,
gehen wohl auf Franz von
Assisi zurück.
All solche Krippen
erinnern uns
an das weihnachtliche
Geschehen.

Jesus wurde
in einem Stall geboren
und in eine Krippe gelegt,
weil es keinen
würdigeren Platz
für die Heilige Familie
gegeben hat.
Aber was feiern wir
heutzutage an
Weihnachten?
Nur die Erinnerung
an ein Ereignis,
das vor etwa
zweitausend Jahren
in Betlehem
stattgefunden hat?

Der Theologe Angelus Silesius (1624–1677) hat einmal formuliert:

„Wird Christus tausendmal
zu Betlehem geboren
und nicht in dir;
du bleibst noch ewiglich verloren.“

22

Möge Gott auch heute
in uns geboren werden,
damit wir uns von Schuld
befreit wissen

und unser Tagewerk
mit einem erlösten
und fröhlichen Herzen
angehen und vollbringen können.

Möge Gott auch heute
in uns geboren werden,
damit seine Botschaft
von Liebe, Frieden
und Gerechtigkeit
in dieser zerstrittenen Welt
durch uns zu Wort kommt
und gestaltend eingreift.

Bibliografische Information der Deutschen Nationalbibliothek
Die Deutsche Nationalbibliothek verzeichnet diese Publikation in der Deutschen Nationalbibliografie; detaillierte bibliografische Daten sind im Internet über http://dnb.d-nb.de abrufbar.

Dieses Heft gehört zum Adventskalender:
Die Zeit ist nah
24 Bücher im Advent
Karl Wallner, Anselm Grün, Jordana Schmidt, Christa Spilling-Nöker
ISBN 978-3-7462-3495-3

Besuchen Sie uns im Internet:
www.st-benno.de

Umschlag und Gestaltung: Ulrike Vetter, Leipzig
Gesamtherstellung: Arnold & Domnick, Leipzig (A)

benno

Christa Spilling-Nöker

Friede auf Erden

23

23

„Friede auf Erden
den Menschen
seines
Wohlgefallens“,
so singen die Engel
am Ende der
Weihnachtsge-
schichte.

Die Sehnsucht nach Frieden
auf Erden ist so alt
wie die Menschheit.
Der Prophet Jesaja
hatte die Vision,

dass eines Tages Schwerter
zu Pflugscharen
geschmiedet würden
und Lanzen
zu Winzermessern.

23

Friede auf Erden?
Was ist aus dieser prophetischen Vision,
aus dieser weihnachtlichen
Botschaft geworden?
Wo immer wir hinblicken,
gibt es Streit, Krieg, Unterdrückung
ganzer Völker, Aufstände, Revolutionen,
Kämpfe um die Menschenrechte
und ihre blutige Niederschlagung.
Die Bilder, die uns das Fernsehen
davon zeigt, sind manchmal kaum
zu ertragen.

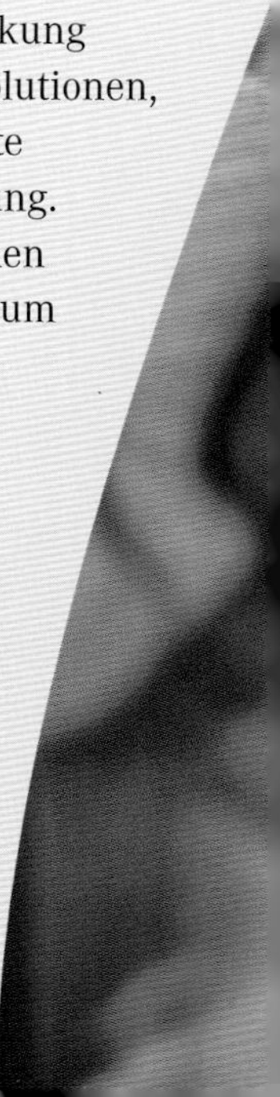

23

Franz von Assisi werden
die Worte zugeschrieben:

23

„O Herr, mach mich
zu einem Werkzeug
deines Friedens,
dass ich liebe,
wo man hasst.“

23

Vermögen wir, in diesem
Sinne Gottes Botschafter
auf der Erde zu sein?
Können wir etwas
zum Frieden in der Welt
beitragen, um Gottes
Verheißung Wirklichkeit
werden zu lassen?

Wir sind weder Politiker
noch Diplomaten,
die in Ländern,
in denen Bürgerkriege toben,
einen Waffenstillstand
erreichen können.

Aber wir können unsere Fantasie
und Kraft dafür einsetzen,
Veranstaltungen zu organisieren,
auf denen Geld zusammenkommt,
das wir einer Hilfsorganisation
zur Verfügung stellen.

23

Und wir dürfen Menschen,
die aus anderen Ländern
zu uns gekommen sind,
die Hand reichen,
sie zu uns einladen
und das Gespräch
mit ihnen suchen,
auch wenn sie eine andere
Hautfarbe, Religion oder
Nationalität haben
als wir selbst.
Denn Gottes Sehnsucht
nach Frieden
ist *grenzen-los.*

Bibliografische Information der Deutschen Nationalbibliothek
Die Deutsche Nationalbibliothek verzeichnet diese Publikation in der Deutschen Nationalbibliografie; detaillierte bibliografische Daten sind im Internet über http://dnb.d-nb.de abrufbar.

Dieses Heft gehört zum Adventskalender:
Die Zeit ist nah
24 Bücher im Advent
Karl Wallner, Anselm Grün, Jordana Schmidt, Christa Spilling-Nöker
ISBN 978-3-7462-3495-3

Text: Rechte bei der Autorin
Fotos: U2/S.1: © Silvano Rebai / fotolia.de; S.2/3: © engelchen / fotolia.de; S.6/7: © mhp / fotolia.de; S.8/9: © Delphimages/ fotolia.de; S.10/11: © Sunnydays / fotolia.de; S.12: © Ancello / fotolia.de

Besuchen Sie uns im Internet:
www.st-benno.de

Stammerstraße 11, 04159 Leipzig
Umschlag und Gestaltung: Ulrike Vetter, Leipzig
Gesamtherstellung: Arnold & Domnick, Leipzig (A)

benno

Christa Spilling-Nöker

Über dir leuchtet ein Stern

24

24

Über dem Stall
von Betlehem
war ein Stern
aufgegangen,
als Jesus
geboren
worden war.

24

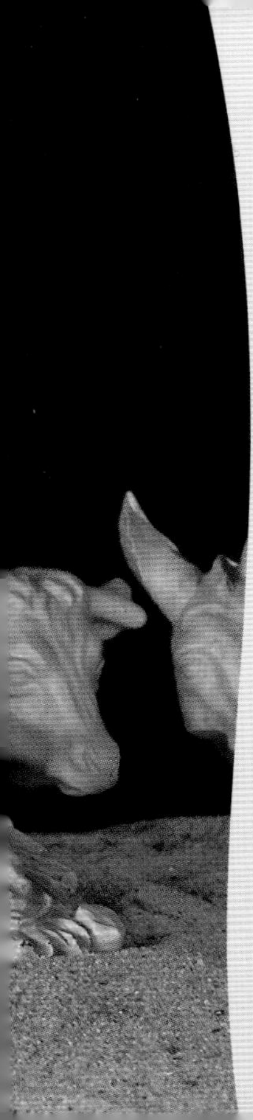

Der Stern hatte den
drei Weisen
aus dem Morgenland
den Weg zur Krippe,
zum Ort der Mensch-
werdung Gottes
gewiesen.

Sterne können
Orientierung schenken,
wenn man den äußeren
oder inneren Weg
aus den Augen
verloren hat.

Treten wir in einer klaren Winternacht
doch einmal heraus
aus den beheizten Räumen,

um den wundervollen Sternenhimmel
in aller Ruhe
zu betrachten.

24

Vielleicht geraten wir dabei
ja ins Staunen.

Ins Staunen
über die Herrlichkeit des Himmels,
über die Schönheit
des eigenen Lebens,
und über den Glanz
des Göttlichen –
auch in uns selbst.
Vielleicht geht uns
in diesem Staunen
in unserer Seele zugleich
ein Stern auf,
der uns die Angst
vor dem Morgen nimmt,
der uns aufatmen
und wieder lächeln lässt.

24

Ich wünsche uns,
dass uns in der Heiligen Nacht
das Licht des Himmels

direkt ins Herz scheint
und uns mit so großer Freude erfüllt,
dass manche Wunde in uns
endlich heilt.

24

Möge uns auch
im kommenden Jahr
ein Stern geleiten,
damit wir nicht
in die Irre gehen
sondern uns der Weg
in eine heilvolle,
gesegnete Zukunft
erhellt wird.

Bibliografische Information der Deutschen Nationalbibliothek
Die Deutsche Nationalbibliothek verzeichnet diese Publikation in der Deutschen Nationalbibliografie; detaillierte bibliografische Daten sind im Internet über http://dnb.d-nb.de abrufbar.

Dieses Heft gehört zum Adventskalender:
Die Zeit ist nah
24 Bücher im Advent
Karl Wallner, Anselm Grün, Jordana Schmidt, Christa Spilling-Nöker
ISBN 978-3-7462-3495-3

Besuchen Sie uns im Internet:
www.st-benno.de

Stammerstraße 11, 04159 Leipzig
Umschlag und Gestaltung: Ulrike Vetter, Leipzig
Gesamtherstellung: Arnold & Domnick, Leipzig (A)

benno